クリームの作り方と
洋・生・焼き菓子のとろけるバリエーション

カスタードのおやつ

森崎 繭香

誠文堂新光社

はじめに

ケーキ屋さんで働いていたとき
カスタードクリームを炊く仕事が一番好きでした。

子供の頃から大好きだった黄色いクリームは
驚くほどシンプルな材料で作られていて、
つややかでなめらかに出来上がっていく美しさに心奪われたのです。

ダマになってしまったり、焦げてしまったり、
難しいイメージがあるカスタードクリームですが、
コツを掴んでしまえば簡単です。
特別な材料も必要なく、とても気軽に作れます。

この本では、カスタードクリームの魅力を存分に味わえる
「カスタードのおやつ」をたくさん紹介しています。
基本となるカスタードクリーム、
カスタードソースの作り方から始まり、
挟むだけ、凍らせるだけ、重ねるだけのフルーツサンドや
トライフル、シャーベットといった超簡単なおやつ、
大判焼き、シュークリーム、エクレア、
ミルクレープなどの定番のおやつ、
プリンやブリュレ、ババロアなどもカップデザートまで
幅広いレシピを紹介しています。

「カスタード」が大好きな方も、これから好きになるという方も
毎日のおうちおやつに「カスタードのおやつ」を
楽しんでもらえたらうれしいです。

森崎繭香

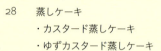

カスタードのおやつ
目次

- 02　はじめに
- 05　この本の使い方
- 06　この本で使う道具と材料

カスタードの基本

- 08　**1 カスタードクリームの作り方**
-   　　❶ 鍋で作る（卵黄2個）
- 10　❷ レンジでつくる（卵黄2個）
- 11　　　あまった卵白で作る簡単レシピ・焼きメレンゲ
- 12　❸ レンジでつくる（卵黄1個）
- 13　❹ レンジでつくる（全卵1個）
- 14　**2 カスタードソースの作り方**
- 15　カスタード作りで失敗したら…
- 16　**3 簡単レシピ**
- 16　バナナカスタードトースト
- 17　フレンチトースト
- 18　フルーツカスタードサンド
- 19　ぶどうのトライフル

定番のカスタードおやつ

- 20　大判焼き
  - ・カスタードクリーム
  - ・あんこカスタード
  - ・抹茶カスタード
- 24　カスタード春巻き
- 25　クレープ
  - ・フルーツミルクレープ
  - ・チョコバナナカスタードクレープ
  - ・オレンジ風味のカスタードソース添え
- 28　蒸しケーキ
  - ・カスタード蒸しケーキ
  - ・ゆずカスタード蒸しケーキ
- 30　オムレット
  - ・バナナオムレット
  - ・チョコバナナオムレット
- 32　フリット
  - ・クレームフリット
  - ・バナナココナッツクレームフリット
- 34　シュークリーム／エクレア
  - ・カスタードシュークリーム
  - ・カスタードエクレア
- 38　・アーモンドシュークリーム
  - ・クッキーシュークリーム
- 39　・カフェオレクリームエクレア
  - ・いちごエクレア

ちょっぴり贅沢なカスタードのおやつ

- 46　マフィン
  - ・ブルーベリーカスタードマフィン
  - ・オレンジカスタードマフィン
- 50　バニラスフレ
- 52　ビスコッティ
  - ・カスタードとナッツのビスコッティ
  - ・カスタードと紅茶とオレンジピールのビスコッティ
  - ・カスタードとクランベリーのビスコッティ
- 55　タルト
  - ・グレープフルーツのタルト
  - ・レモンクリームタルト
  - ・ダークチェリーのタルト

60　アップルカスタードクランブル
62　ブルーベリーのガトーバスク
64　カンノーリ
66　ダックワーズ
　　・プレーン
　　・ココア&フランボワーズ
　　・抹茶
　　・マロン
69　ミルフィーユ
　　・いちごのミルフィーユ
　　・マロンのミルフィーユ
72　アプリコットカスタードデニッシュ
　　洋梨のシナモンカスタードパイ

カスタードのカップデザート

80　プリン
　　・昔ながらのプリン
　　・クレームブリュレ
　　・とろけるプリン
　　・蒸しプリン
84　冷し固めるだけのメープルカスタードプリン
86　ババロア
　　・バニラ
　　・キャラメル
　　・マンゴー
　　・紅茶
89　バニラシャーベット
90　チーズケーキ
　　・ベイクドカスタードチーズケーキ
　　・レアカスタードチーズケーキ

92　ティラミス
94　ラズベリーのフルーツグラタン

こぼれカスタードレシピ

40　**1** クリームパン
　　・クリームドーナツ
58　**2** いろいろ使えるカスタードペースト
　　・チーズカスタード
　　・ラズベリーカスタード
　　・ラムフィグカスタード
　　・紅茶カスタード
　　・オレンジカスタード
　　・チョコカスタード
76　**3** カスタードのドリンク
　　・カスタードラテ
　　・ミルクセーキ

この本の使い方
・小さじ1は5ml、大さじ1は15ml、カップ1は200mlです。1mlは1ccです。
・卵は1個50〜55gくらい(殻を除く)の大きさを使っています。
・火加減はとくに表記のない場合位は中火で調理をしてください。
・常温とある場合は20℃前後を目安にしてください。
・電子レンジは600Wのものを使用しています。500Wの場合は1.2倍にしてください。
・オーブンはあらかじめ設定温度に温めておきます。
・オーブンの温度と焼き時間は目安です。お手持ちの機種に応じて様子を見ながら調整をしてください。その他の調理器についても、各メーカーの使用説明書などをよくお確かめの上、正しくご使用ください。
・冷やし固める時間は冷蔵庫の設定温度や庫内環境によって変わることがあります。

この本で使う材料と道具

材料
スーパーマーケットや製菓材料店で手に入る材料を使います。インターネットでも購入可能です。

1 アーモンドパウダー ○
アーモンドを粉末状にしたもの。アーモンドプードルとも。

2 バニラビーンズ ○
ラン科の植物の種。切り込みを入れ、中の種を使います。

3 ベーキングパウダー ○
膨張剤の一種で、ふくらし粉とも呼ばれます。

4 バニラエッセンス ○
バニラの成分を抽出したもの。少量でも香りがつく。

5 卵
新鮮なものを使います。

6 クリームチーズ ●
ナチュラルチーズ。クリーミーで適度なコクがあります。

7 バター
お菓子づくりには一般的に食塩不使用のものを使います。

8 生クリーム
牛乳の乳脂肪とタンパク質が濃縮されたもの。

9 薄力粉 ○
生地を混ぜ合わせたりクリームを作ったりするときに。

10 粉糖 ○
グラニュー糖を粉末状にしたもの。

11 きび砂糖
精製途中の砂糖液をそのまま煮詰めて作った砂糖。

12 グラニュー糖
純度が高く、すっきりした味わいが特徴。

13 牛乳 ●
成分無調整のものがおすすめです。

○…富澤商店　●…森永乳業
問い合わせ先詳細はp.96にあります

道具

調理をする際に使う道具類です。ない場合は代用できる道具を用意しましょう。

蒸し器
蒸し菓子を作るときに使います。ない場合はフライパンや鍋で代用してもOK。

フライパン
生地を焼くときに使います。ホットプレートで代用してもOK。

鍋
基本のカスタードを作るほか、シュー生地を作る際にも使います。

ボウル
材料を混ぜたり、湯せんにかけたり、冷やしたりするときに使います。

粉ふるい
粉類をふるい合わせることで、きめが細かくダマになりにくくなります。

ゴムべら
生地やクリームを混ぜるときに使います。

漉し器（ざる）
裏ごしをするときや、粗めの粉をふるうときに使います。

パレットナイフ
クリームを塗るときに使います。用途に応じて長さや太さを選びましょう。

レードル
生地をすくうときに使います。

スケッパー
生地を混ぜたり、切り分けたりするときに使います。

オーブンシート
オーブンで焼くときに生地が天板にくっつかないように敷きます。

泡立て器
生地を混ぜ合わせたり、クリームを泡立てるときに使います。

めん棒
生地を均一にのばすときに使います。

絞り袋・口金
クリームやシュー生地、ダックワーズ生地などを絞るときに使います。

型の種類

焼き菓子を作るときに使います。慣れてきたら他の型で作っても。

 丸型

マフィン型（紙製）

 タルト型（タルトリング）

セルクル

 ダックワーズ型

 プリンカップ

カスタードの基本1
カスタードクリームの作り方

❶ 鍋でつくる（卵黄2個）

完全に冷めたカスタードクリームがバットからつるんとはがれたら上手にできた証拠。
火加減が弱すぎるとダマになり、強すぎると焦げるので注意して。
ミルクレープ(p.25)なら1台、クリームドーナツ(p.40)なら8個作れます。

材料（作りやすい分量）Total 約280g

牛乳……200ml
卵黄……2個分
グラニュー糖……50g
薄力粉……20g
バター（食塩不使用）……10g
バニラエッセンス……適量

バニラビーンズを使う場合の準備

バニラビーンズのさやに縦に切り込みを入れて裂き、中の種をこそげとる。さやと種は作り方1で入れる。

作り方

1

（バニラビーンズを使う時はここに入れる。）

小鍋に牛乳を入れて火にかけ、沸騰直前まであたためる。

2

ボウルに卵黄を入れて泡立て器でほぐし、グラニュー糖を一度に加えて白っぽくなるまで混ぜる。

3

薄力粉をふるい入れて軽くまぜる。

4

1を少しずつ加えて溶きのばす。

5

（バニラビーンズはここで取り出す。）

こし器でこして小鍋に戻す。

6

中火にかけ、ゴムベラで絶えず混ぜながら煮る。

7

とろみがつき、沸騰して鍋底からぷくぷくと数回沸いてきたら火からおろす。沸騰後2〜3分。クリームにつやが出て、ゴムベラですくったときにさらさらと落ちるようになればOK。

8

すぐにバター、バニラエッセンスを加え混ぜて溶かす。バニラビーンズを使う場合は入れない。

9

（バニラビーンズの黒い粒が入る。）

バットに広げてラップを表面にぴったりと密着させて氷水にあてて急冷する。底を氷水にあて、ラップの上に保冷剤をのせると良い。粗熱がとれたら冷蔵庫で冷やす。

❷ レンジでつくる（卵黄2個）

ボウルひとつでできる手軽なレシピ。
レンジで作るので、焦がす心配がなく安心です。
大きめのボウルを使って、ダマにならないように手早く混ぜましょう。

材料（作りやすい分量）Total 約280g

牛乳……200ml／卵黄……2個分／グラニュー糖……50g／薄力粉……20g／バター（食塩不使用）……10g／バニラエッセンス……適量

作り方

1 耐熱ボウルに卵黄を入れて泡立て器でほぐし、グラニュー糖を一度に加えて白っぽくなるまで混ぜる。

2 薄力粉をふるい入れて軽くまぜ、牛乳を少しずつ加えて溶きのばす。

3 ラップをせずに600Wで3分加熱し、いったん取り出して泡立て器で手早く混ぜる。

4 なめらかになったらふたたび600Wで1分加熱して、取り出して混ぜる。

5 さらに600Wで1分加熱して、取り出してなめらかに混ぜる。

6 すぐにバター、バニラエッセンスを加え混ぜて溶かす。

7 ラップを表面にぴったりと密着させ、氷水にあてて急冷する。底を氷水にあて、ラップの上に保冷剤をのせると良い。粗熱がとれたら冷蔵庫で冷やす。

あまった卵白で作る簡単レシピ

焼きメレンゲ

使わなかった卵白を泡立てて焼けばでき上がり。

材料（作りやすい分量・天板1枚分）

卵白……35g（1個分）

A ｜ グラニュー糖……25g
　 ｜ 粉砂糖……25g

[下準備]
- Aはあわせてふるっておく。
- 天板にオーブンシートを敷いておく。
- オーブンは100℃に予熱しておく。

作り方
1. ボウルに卵白を入れてコシをきり、ざっと泡立てる。
2. Aを2～3回に分けて加えてしっかりとしたメレンゲを作る。星口金をつけた絞り袋に入れ、オーブンシートを敷いた天板に絞る。
3. 100℃に温めておいたオーブンで90分ほど焼く。焼き上がったら、冷めるまで庫内においてから取り出す。

※ 湿気やすいので、すぐに乾燥剤を入れた密閉容器で保存する。一週間ほど保存可能。
※ 2にリキュールやオレンジやレモンなどの果汁（大さじ1）やココア（小さじ1）、抹茶（小さじ1/2）などを加えて同様に絞って焼くとお好みのフレーバーに。

❸ レンジでつくる（卵黄1個）

卵黄1個分の場合は特に焦がしやすいので、手軽にできるレンジがおすすめ。
大判焼き(p.20)なら5個、バナナオムレット(p.30)なら2個作れます。

材料（作りやすい分量）Total 約140g

牛乳……100ml
卵黄……1個分
グラニュー糖……25g
薄力粉……10g
バター（食塩不使用）……5g
バニラエッセンス……適量

作り方

1. 耐熱ボウルに卵黄を入れて泡立て器でほぐし、グラニュー糖を一度に加えて白っぽくなるまで混ぜる。
2. 薄力粉をふるい入れて軽くまぜ、牛乳を少しずつ加えて溶きのばす。
3. ラップをせずに600Wで1分30秒加熱する。いったん取り出して泡立て器で手早く混ぜ①、なめらかになったらふたたび600Wで30秒加熱して取り出して混ぜ②、さらに600Wで30秒加熱して、取り出してなめらかに混ぜる③。
4. すぐにバター、バニラエッセンスを加え混ぜて溶かし、ラップを表面にぴったりと密着させて氷水にあてて急冷する。底を氷水にあて、ラップの上に保冷剤をのせるとよい。粗熱がとれたら冷蔵庫で冷やす。

④ レンジでつくる（全卵1個）

あっさりとした仕上がりのカスタードクリーム。
卵白を余らせたくないときはこちらがおすすめ。

材料（作りやすい分量）Total 約280g

牛乳……200ml／卵……1個分／グラニュー糖……50g
薄力粉……15g／バター（食塩不使用）……10g／バニラエッセンス……少々

作り方

1. 耐熱ボウルに卵を入れて泡立て器でほぐし、グラニュー糖を一度に加えて泡立て器で混ぜる。
2. 薄力粉をふるい入れてさらに混ぜ、牛乳を少しずつ加えながら混ぜる。
3. ラップをせずに600Wで2分加熱する。いったん取り出して泡立て器で手早く混ぜ①、ふたたび600Wで2分加熱し、取り出して手早く混ぜる②。
4. すぐにバター、バニラエッセンスを加え混ぜて溶かし、ラップを表面にぴったりと密着させて氷水にあてて急冷する。底を氷水にあて、ラップの上に保冷剤をのせると良い。粗熱がとれたら冷蔵庫で冷やす。

卵黄3個の場合

シュークリームやエクレアを作るときはこのレシピ。

材料（作りやすい分量）Total 約420g

牛乳……300ml／卵黄……3個分／グラニュー糖……75g
薄力粉……30g／バター（食塩不使用）……15g
バニラエッセンス……適量

作り方

「卵黄1個」と同様の手順で**1〜2**を作る。ラップをせずに600Wで4分30秒加熱する。いったん取り出して泡立て器で手早く混ぜ、なめらかになったらふたたび600Wで1分30秒加熱して取り出して混ぜ、さらに600Wで1分30秒加熱して、取り出してなめらかに混ぜる。続いて**4**を作る。

> カスタードの基本2

カスタードソースの作り方

ガトーショコラやアップルパイなどのお皿に流せばレストラン風のおしゃれデザートに！

材料（作りやすい分量）Total 約250g

牛乳……200ml ／卵黄……2個分／グラニュー糖……50g／バニラエッセンス……適量

1. 小鍋に牛乳を入れて火にかけ、沸騰直前まであたためる。

2. ボウルに卵黄を入れて泡立て器でほぐし、グラニュー糖を一度に加えて白っぽくなるまで混ぜる。

3. 1を少しずつ加えて溶きのばす。

4. こし器でこして小鍋に戻し、弱火にかける。

5. とろみが出て、ゴムベラですくった生地にしっかりと筋が残るくらいまでゴムベラで絶えず混ぜながら温める。

6. バニラエッセンスを加え、底を氷水にあてて混ぜながら冷ます。

カスタード作りで失敗したら…

焦げてしまったら…
焦げた箇所が少しであれば、焦げを取り除いて。トーストやマフィンなど、焼くおやつに使うのがおすすめです。

ここまで焦げてしまったら苦みが強くなるのでもう一度挑戦して。

ダマになってしまったら…
漉し器で漉して、大きなかたまりを取り除きましょう。焦げてしまったときと同様、焼くおやつに使うのがおすすめです。

カスタードの基本3

\すぐに作れる/
超簡単レシピ

カスタードクリーム&ソースがあれば、挟んだり、重ねたり、焼くだけですぐに作れるレシピです。いつものパンが立派なおやつに!

バナナカスタードトースト

焼けたバナナがとろっとやわらかくなっておいしい。
ボリューム満点なので朝ごはんにもおすすめです。お好みのパンでどうぞ。

材料(1人分)

カスタードクリーム……大さじ1・1/2
ベーグル……1個
バナナ……1本
グラニュー糖……小さじ1

作り方

1. カスタードクリームはゴムベラでやわらかくほぐし、横半分に切ったベーグルの表面に塗る。
2. バナナは1cm厚さの輪切りにして1に並べ、グラニュー糖をふりかける。
3. 温めておいたオーブントースターでこんがりと焼く。

フレンチトースト

卵液は全卵を使うことが多いですが、
卵黄だけを使ったカスタードソースに漬け込むと濃厚な仕上がりになります。

材料（2人分）

カスタードソース……230ml
バゲット（3cm厚さのもの）……4切れ
バター……20g
粉砂糖……あれば適量

作り方

1. カスタードソースにバゲットを入れ、30分以上冷蔵庫で漬け込む。時間があればひと晩つけるとよい。
2. フライパンにバターを入れて熱し、溶けたら**1**を入れて両面こんがりと焼く。あれば粉砂糖をふる。

フルーツカスタードサンド

さくらんぼ、マンゴー、いちじく、
柿など季節のフルーツをたくさんはさんで彩りも楽しんで。

材料（1人分）

カスタードクリーム……70g
食パン（8枚切り）……2枚
いちご……2個
キウイフルーツ……1/4個
黄桃（缶詰）……1/2切れ

作り方

1. カスタードクリームはゴムベラでやわらかくほぐす。
2. いちごはヘタを取り、キウイフルーツは皮をむいてそれぞれ1.5cm角に切る。黄桃は1.5cm角に切る。それぞれペーパーで水気をふきとる。
3. 食パン2枚の片面にそれぞれ1を塗り、一方に2を並べ、もう一方のパンで挟む。手で押さえながらパンの耳を切り落として対角に切り、さらにもう半分に切る。

ぶどうのトライフル

生クリームとカスタードクリームを混ぜ合わせずに使い、2色で変化をつけるのもおすすめです。

スポンジケーキの代わりに市販のカステラやフィンガービスケットで作ってもおいしい。

材料（250mlのグラス2個分）

カスタードクリーム……140g
生クリーム……100ml
スポンジケーキ（市販・直径15cmのもの）……1/4台分
ぶどう（皮ごと食べられるもの）……赤・緑あわせて20個

作り方

1. カスタードクリームはゴムベラでやわらかくほぐす。生クリームを少しずつ加えて泡立て器でふんわりと混ぜる。
2. スポンジケーキは2cm角に切る。ぶどうは大きければ半分に切る。
3. グラスに2のスポンジケーキ、1のクリーム、2のぶどうを交互に重ね、最後にクリームとぶどうをのせる。

定番のカスタードおやつ

"カスタードのおやつ"と聞いて頭に浮かぶ定番のおやつ。懐かしの大判焼きから王道のシュークリームやエクレアまで、家族みんなが大好きな、クリーミーでとろけるおやつの数々を集めました。

大判焼き

さっくり&しっとりの香ばしい皮からとろけるクリーム。
セルクルがあれば、おうちでも簡単に作れます。

カスタードクリーム

とろりとしたクリームがあふれる懐かしの定番おやつ。

材料（直径7cmのもの5個）
カスタードクリーム……140g
A ｜ 薄力粉……150g
　 ｜ ベーキングパウダー……小さじ1
卵……1個
きび砂糖……40g
牛乳……200ml
油……適量

作り方

1
ボウルに卵を割りほぐし、きび砂糖、牛乳、Aを順に加えて泡立て器で混ぜる。

2
フライパンに薄く油を塗り、セルクルをフライパンに4個並べる。2個に1を大さじ2流し入れ、ふたをして弱火で3分ほど焼く。

3
ふたをあけ、空いているセルクルに1を大さじ2流し入れる。

アレンジレシピ

あんこカスタード

カスタードとあんこ、相性のよい組み合わせです。

材料（直径7cmのもの5個）
カスタードクリーム……70g
あん（粒あんでもこしあんでも）……70g
A ｜ 薄力粉……150g
　 ｜ ベーキングパウダー……小さじ1
卵……1個
きび砂糖……40g
牛乳……200ml
油……適量

[下準備]
・カスタードクリームとあんはそれぞれ5等分にしておく。
・Aはあわせてふるっておく。

作り方
「カスタードクリーム」と同様の手順で1〜3まで作る。生地を入れて焼いた方のセルクルの中央にカスタードクリームとあんを入れ、再びふたをして弱火で2分ほど焼く。カスタードクリームとあんをのせた生地に1を大さじ2のせ、続けて手順5〜6を作る。

[下準備]
・カスタードクリームは5等分にしておく。
・Aはあわせてふるっておく。
・セルクルに油を塗っておく。

4

生地を入れて焼いた方のセルクルの中央に分けておいたカスタードクリームを入れ、再びふたをして弱火で2分ほど焼く。カスタードクリームをのせた生地に1を大さじ2のせる。

5

カスタードクリームをのせていない生地を型からはずして重ねる。（やけどに注意！）

6

ふたたびふたをして弱火で5分ほど焼き、こんがりしたら取り出して型からはずす。セルクルに油を塗り直し、同様にあと3個つくる。

抹茶カスタード

ほろ苦い抹茶と甘いカスタードクリームがよく合います。

材料（直径7cmのもの5個）
カスタードクリーム……140g
A ┃ 薄力粉……140g
  ┃ 抹茶パウダー……10g
  ┃ ベーキングパウダー……小さじ1
卵……1個
きび砂糖……40g
牛乳……200ml
油……適量

作り方
「カスタードクリーム」と同様の手順で1〜6を作る。

◯で囲んだ箇所の材料や分量を変えて作るアレンジレシピです。

カスタード春巻き

ラムレーズンで大人っぽく仕上げました。お酒が苦手な方は、
カスタードクリームに直接レーズンを混ぜて30分ほど置いてください。

材料（8本分）
カスタードクリーム……140g
レーズン……30g
ラム酒……小さじ1
春巻きの皮……4枚
A │ 薄力粉……小さじ2
　│ 水……小さじ2
揚げ油……適量

作り方
1. レーズンはラム酒に漬け込み、10分以上おく。
2. ボウルにカスタードクリームと汁気をきった1を入れて混ぜる。
3. 春巻きの皮は半分に切り、2の1/8量をのせて巻き、巻き終わりによく混ぜたAをのりにしてくっつけ、両端をねじる。
4. 190℃に熱した油に3を静かに入れ、こんがりと揚げる。取り出して油を切る。

※ 中のクリームが流れ出ないよう、とじめをしっかりとじ、高温で10秒程度さっと揚げる。

クレープ

大人も子どもも大好きなクレープ。
たっぷりのカスタードに負けないように
もっちりとした生地に仕上げています。

フルーツミルクレープ

カラフルなフルーツの層にワクワク。

材料（直径22cmのフライパンを使用）
カスタードクリーム……280g ／生クリーム……100ml
コアントロー……好みで小さじ1 ／いちご……10個
キウイフルーツ……2個／黄桃（缶詰・半割）……3切れ／粉砂糖……適宜
○ クレープ生地
卵……2個 ／ A［薄力粉……100g／きび砂糖……40g／塩……ひとつまみ］
牛乳……300ml／バター（食塩不使用）……30g

［下準備］
・卵は割りほぐしておく。
・バターは溶かしておく。

作り方

1 ボウルにAを入れて泡立て器でよく混ぜ、溶き卵を加えて混ぜる。牛乳を少しずつ加えて混ぜる。

2 なめらかになったら溶かしたバターを加えて混ぜ、こし器でこす。ラップをして30分から半日ほど冷蔵庫で休ませる。

3 フライパンに油（分量外）をキッチンペーパーで薄く塗り広げ、中火で熱し、ぬれ布巾にあてて冷ます。2を流し入れ中火で焼く。

4 表面が乾き、ふちが浮いてきたら裏返して10秒ほど焼く。キッチンペーパーを敷いたまな板に取り出し、残りの生地も同様に焼く。

5 ボウルにカスタードクリームを入れてゴムベラでやわらかくほぐし、なめらかに混ぜて好みでコアントローを加えて混ぜる。

6 別のボウルに生クリームを入れ、ボウルの底を氷水にあてながら泡立て器で8分立てにする。5に2～3回に分けて加え混ぜる。

7 いちごはヘタをとり、5mm厚さに切る。キウイフルーツは皮をむいて5mm厚さの半月切りにする。黄桃は5mm厚さに切る。それぞれペーパーで水気をふきとる。

8 皿にクレープを1枚のせ、パレットナイフで6をひとすくいのせる。周りを1～2cmほど残して薄く塗り広げてフルーツをのせ、もう1枚重ねる。さらに6を塗り、フルーツ、クレープと重ねていく。最後の2～3枚はフルーツを入れずにクリームだけはさむ。最後にきれいなクレープをのせてラップをして手で形を整え、冷蔵庫で1時間ほど冷やす。好みで粉砂糖をふる。

アレンジレシピ

チョコバナナカスタードクレープ

はずれなしの間違いない組み合わせ。

材料(4個分) ※直径26cmのフライパンを使用

カスタードクリーム……140g／生クリーム……50g
ラム酒……好みで小さじ1／バナナ……3本
チョコレートシロップ(市販)……適量
チョコクランチ……適量

○クレープ生地
卵……1個／A[薄力粉……50g
きび砂糖……20g／塩……ひとつまみ]
牛乳……150ml／バター(食塩不使用)……15g

作り方

「フルーツミルクレープ」と同様の手順で1～4まで作る。手順5でコアントローの代わりにラム酒を加えて混ぜる。続けて手順6を作り、星口金をつけた絞り袋に入れる。バナナは皮をむいて1cm厚さの斜め切りにする。クレープは焼き目のきれいな面を下にして広げ、クリームを絞りバナナを並べる。チョコシロップをかけ、チョコクランチをちらして底になる部分を折り、端からくるくると巻く。

オレンジ風味のカスタードソース添え

すこし大人な味のクレープです。

材料(4～5皿分) ※直径26cmのフライパンを使用

カスタードソース……100ml
グランマニエ……好みで小さじ1
オレンジ……1個／ミント……適宜

○クレープ生地
卵……1個／A[薄力粉……50g
きび砂糖……20g／塩……ひとつまみ]
牛乳……150ml／チョコレート(スイート)……20g

作り方

「フルーツミルクレープ」と同様の手順で1を作る。なめらかになったら湯煎で溶かしたチョコレートを加えて混ぜ、こし器でこす。ラップをして30分から半日ほど冷蔵庫で休ませる。続けて手順3～4を作る。オレンジ1/2個は皮をむいて7mm厚さの輪切りを4枚とる。残りのオレンジは果汁を絞り、大さじ2とってグランマニエとともにカスタードソースに加えて混ぜる。クレープは半分に折ってから2回折り、皿に盛る。カスタードソースを流してオレンジを飾り、あればミントを添える。

蒸しケーキ

白あん入りのふかふか蒸しケーキの中にカスタードクリームがたっぷり。
とてもやわらかい生地なので、紙型をはずすときは丁寧にはがしましょう。

カスタード蒸しケーキ

クリームを入れすぎると破裂して流れ出ることがあるので注意！

材料（直径6.5cm×高さ4.5cm紙製マフィン型5個分）

カスタードクリーム……140g
卵……2個
きび砂糖……40g
白こしあん……40g
薄力粉……50g
太白ごま油……大さじ1

［下準備］

・蒸し器に水をはり、ふたをふきんで包んで火にかけ、温めておく。

紙製の型がない場合は、マフィン型に敷紙を敷くか、油を塗って使用する。

作り方

1 ボウルに卵を入れてほぐし、きび砂糖、白こしあんを一度に加えて混ぜる。湯煎にかけてハンドミキサーで泡立て、人肌ぐらいになったら湯煎からはずし、すくったときに一瞬はねの中にとどまって落ちるくらいまで泡立てる。

2 薄力粉をふるい入れてゴムベラで練らないように混ぜ、少し粉っぽさが残るところで太白ごま油を加え、手早く混ぜる。

3 型に流し入れ、蒸気の上がった蒸し器に並べ、ふたをして弱火で10分ほど加熱する。

4 竹串をさしてどろっとしたものがついてこなければ蒸しあがり。網の上で冷まし、粗熱がとれたらラップで包み、乾燥を防ぐ。

5 カスタードクリームはゴムベラでやわらかくほぐし、なめらかに混ぜて細めの丸口金をつけた絞り袋に入れる。

6 4のラップと紙型をはずして底にナイフで小さく切れ目を入れ、絞り口をさして5のクリームを絞り入れる。

アレンジレシピ

ゆずカスタード蒸しケーキ

ゆずピールを加えて風味と食感をプラス。

材料（直径6.5cm×高さ4.5cm紙製マフィン型5個分）

カスタードクリーム……140g
ゆずピール（きざんだもの）……大さじ1
卵……2個／きび砂糖……40g／白こしあん……40g
薄力粉……50g／太白ごま油……大さじ1

作り方

「カスタード蒸しケーキ」と同様の手順で**1〜4**まで作る。カスタードクリームはゴムベラでやわらかくほぐしてなめらかに混ぜ、ゆずピールを加えて混ぜ、細めの丸口金をつけた絞り袋に入れる。続けて手順**6**を作る。

オムレット

ふわふわのスポンジを作るコツは、
卵をしっかりと泡立てることと、粉を加えたら練らないこと。
とろけるスポンジとクリームを堪能してください。

バナナオムレット

丸ごと1本のバナナを包み込んだボリュームのあるおやつ。

材料（直径14cmのもの2枚）
カスタードクリーム……140g
生クリーム……50ml
ラム酒……好みで小さじ1
バナナ……小2本

卵……1個
グラニュー糖……30g
薄力粉……30g
牛乳……大さじ1
太白ごま油……大さじ1/2

[下準備]
・オーブンを170℃に予熱しておく。
・天板にオーブンシートを敷いておく。

作り方

1 ボウルに卵を入れてほぐし、グラニュー糖を一度に加えて混ぜる。湯煎にかけてハンドミキサーで泡立て、人肌ぐらいになったら湯煎からはずして、すくったときに一瞬はねの中にとどまって落ちるくらいまで泡立てる。

2 薄力粉をふるい入れてゴムベラで練らないように混ぜ、少し粉っぽさが残るところで牛乳、太白ごま油を加え、手早く混ぜる。

3 天板に直径14cmの円形に2個流してスプーンで広げ、オーブンで10分ほど焼く。

4 焼きあがったら網の上で冷まし、ラップではさんで半分に折っておく。

5 カスタードクリームはゴムベラでやわらかくほぐしてなめらかに混ぜ、好みでラム酒を加えて混ぜる。

6 別のボウルに生クリームを入れ、ボウルの底を氷水にあてながら8分立てにし、5に2～3回に分けて加え混ぜ、絞れるくらいの固さにする。

7 4のラップをはずして6をのせ、皮をむいたバナナをはさんで折りたたむ。

※ フライパンで作る際は、フライパンにオーブンシートを敷き、ふたをして弱火で2～3分、オーブンシートごと裏返して2分ほど焼く。

アレンジレシピ

チョコバナナオムレット

ココア味のスポンジケーキに板チョコとバナナを挟みました。

材料（直径12cmのもの4枚）
カスタードクリーム……140g
生クリーム……50ml
ラム酒……好みで小さじ1
バナナ……1本
板チョコレート……1/2枚（25g）
卵……1個
グラニュー糖……30g
A　薄力粉……30g
　　ココアパウダー……5g
牛乳……大さじ1
太白ごま油……大さじ1/2

[下準備]
・オーブンを170℃に予熱しておく。
・天板にオーブンシートを敷いておく。
・Aはあわせてふるっておく。

作り方
「バナナオムレット」と同様の手順で1〜4まで作る（手順3で4個流す）。バナナは皮をむいて1cm厚さの斜め切りにする。板チョコは手で割る。続けて手順5〜6を作る。ラップをはずしてクリームをのせ、バナナと板チョコをはさんで折りたたむ。

アレンジレシピ

バナナココナッツクレームフリット

バナナとココナッツで一気に南国風に。

材料（4cm角のもの12個分）
カスタードクリーム……280g／バナナ……1/2本（約50g）／薄力粉……大さじ2
卵白……1個分／ココナッツロング……1カップ（約50g）／揚げ油……適量

作り方
バナナはフォークでつぶし、カスタードクリームを加えて混ぜる。ラップを敷いたバットに流し、熱いうちに平らに広げてラップをし、急冷して粗熱がとれたら冷凍庫で半日ほど冷やし固める。型から取り出し、12等分に切る。薄力粉、よく溶いた卵白、ココナッツロングの順に衣をつけ、190℃に熱した油に静かに入れてこんがりと揚げ、バットに取って油を切る。

フリット

揚げたてのサクサクとろりは格別のおいしさです。
火傷に注意して召し上がってくださいね。

クレームフリット

冷やし固めるときにアメリカンチェリーを埋め込んでも。

材料（4cm角のもの12個分）
- カスタードクリーム……280g
- 薄力粉……大さじ2
- 卵白……1個分
- パン粉……1/2カップ（約50g）
- 揚げ油……適量

作り方
1. カスタードクリームはラップを敷いたバット（今回は8×14×高さ5cm）に流し、熱いうちに平らに広げてラップをし、急冷して粗熱がとれたら冷凍庫で半日ほど冷やし固める。
2. 型から取り出し12等分に切る。かたすぎる場合は、少し室温において切れるかたさにしてから切るようにする。
3. 薄力粉、よく溶いた卵白、パン粉の順に衣をつけ、190℃に熱した油に静かに入れてこんがりと揚げる。バットに取って油を切る。

※ できているカスタードクリームを使う場合はやわらかくほぐしてから容器に入れて冷凍する。
※ クリームが溶け出ないよう、高温でさっと揚げるようにする。時間があれば、3で衣をつけた状態でふたたび冷凍庫で休ませてから揚げると型崩れせずにきれいに揚がる。

シュークリーム

シュー生地はほんのり温かいうちに絞り終え、手早く焼くのが理想。絞り袋や霧吹きなど道具もきちんと揃えてから作業を始めましょう。

カスタードシュークリーム

パリッとしたシュー生地にたっぷりのカスタードクリームを詰め込んだ定番のシュークリーム。できたては最高の贅沢です。

エクレア

シュークリームと同じ生地を細く絞り出せばエクレアに。
チョコやフォンダンで飾り、見た目と味の変化を楽しんで。

カスタードエクレア

つやつやのチョコレートが食欲をそそります。
中のクリームをチョコカスタード(P.59)にかえてWチョコにしても。

カスタード　シュークリーム／エクレア

材料　※シュークリームの場合…約10個分　エクレアの場合…約14個分

○シュー生地
水……50ml
牛乳……50ml
バター（食塩不使用）……60g
塩……ひとつまみ
グラニュー糖……小さじ1

薄力粉……70g
卵……2〜3個（100〜120g）
○クリーム
[シュークリーム]
カスタードクリーム……420g
生クリーム……150ml

[エクレア]
カスタードクリーム……420g
生クリーム……100ml
○エクレアコーティング用
チョコレート
　（スイート）……150g
太白ごま油……小さじ1/2

[下準備]
・オーブンは200℃に予熱しておく。
・天板にオーブンシートを敷いておく。
・バターは1cm角に切っておく。
・薄力粉はふるっておく。
・卵3個は常温に戻し、そのうち2個はよく溶いておく。

シュー生地

1　鍋に水、牛乳、バター、塩、グラニュー糖を入れて中火にかける。

2　全体的にぐらぐらと沸騰したら火を止めて薄力粉を一気に加え、粉っぽさがなくなり、鍋底に薄く膜がはるまでゴムベラで手早く混ぜる。

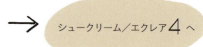
→シュークリーム／エクレア4へ

3　卵を数回に分けて少量ずつ加え、練るように混ぜる。生地につやが出て、ゴムベラでたっぷりすくった生地がゆっくりと落ち、10cm長さくらいの三角形になったらOK。卵は2個使い切っても生地がかたいようならもう1個溶いて、さらに少しずつ足して調節する。

シュー生地は生地のかたさの見極めが重要。卵が少なすぎると固くふくらみが悪くなり、卵が多すぎるとパリッとせず、形が崩れやすくなる。

クリーム

1　ボウルにカスタードクリームを入れてゴムベラでやわらかくほぐす。

2　別のボウルに生クリームを入れ、ボウルの底を氷水にあてながら泡立て、9分立てにして1に2〜3回に分けて加えて混ぜる。星口金をつけた絞り袋に入れる。

シュークリーム

4
直径1cmの丸口金をつけた絞り袋に入れ、天板に直径5cmにこんもりと10個絞り出す。

エクレア

4
直径1cmの丸口金をつけた絞り袋に入れ、天板に10cm長さの棒状14個分に絞る。一度の絞りでは生地量が足りないので2〜3度重ねて絞り、幅と高さを出す。

5
指に水をつけて先端の尖った部分を軽く押さえて形を整え、30cmほど離れたところから霧吹きをして、オーブンで20分ほど焼く。いっぱいに膨らんで色付き始めたら180℃に下げて、さらに15〜20分ほど焼く。途中でオーブンを開けないこと！

6
亀裂部分にも焼き色がついて全体にこんがりしたら焼き上がり。すぐにオーブンシートをはずして網の上で冷ます。

焼き上がりの大きさの目安
シュークリーム… 径約7cm
エクレア… 長さ約12cm

7
完全に冷めたら、シューの上部1/3くらいのところで切り、クリームを絞る。シュー皮をのせ、あれば粉砂糖をふる。

7
完全に冷めたら、シューの上部1/3くらいのところで切りクリームを絞る。

8
ボウルに細かくきざんだチョコを入れ、60℃の湯煎で溶かす。太白ごま油を加えて混ぜる。シューの上部を手で持ってくぐらせ、**7**にのせる。

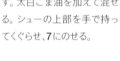

シュークリームアレンジ

アーモンドシュークリーム

アーモンドの風味と食感がアクセントに。

材料（約10個分）
○ シュー生地
P.36 同様
○ クリーム
カスタードクリーム……420g
生クリーム……150ml

アーモンドダイス……30g

作り方
1. 「シュークリーム」と同様の手順でシュー生地の1〜4、クリームを作る。
2. 直径1cmの丸口金をつけた絞り袋に入れ、天板に直径5cmにこんもりと10個絞り出す。指に水をつけて先端の尖った部分を軽く押さえて形を整え、30cmほど離れたところから霧吹きをする。
3. アーモンドダイスをちらして軽く手で押さえ、オーブンで20分ほど焼く。いっぱいに膨らんで色付き始めたら180℃に下げて、さらに10〜15分ほど焼く。途中でオーブンを開けないこと。続けて6〜7を作る。

クッキーシュークリーム

サクサククッキーに包まれたとろけるクリーム。

材料（約12個分）
○ シュー生地、クリーム
P.36 同様
○ クッキー生地
バター（食塩不使用）……50g
粉砂糖……40g ／ 薄力粉……50g

作り方
1. クッキー生地をつくる。バターをゴムベラでやわらかく練り、粉砂糖を加えて混ぜる。薄力粉をふるい入れ、ゴムベラで切るように混ぜる。ひとまとめにして直径4cmの棒状に整えてラップで包み、冷蔵庫で30分以上休ませる。取り出して端から12等分に切り、直前まで冷蔵庫で冷やしておく。
2. 「シュークリーム」と同様の手順で1〜3、クリームを作る。直径1cmの丸口金をつけた絞り袋に入れ、天板に直径5cmに12個絞り出す。クリームは細めの丸口金をつけた絞り袋に入れる。
3. 指に水をつけて先端の尖った部分を軽く押さえて形を整え、30cmほど離れたところから霧吹きをする。クッキー生地をのせ①、オーブンで20分ほど焼く。いっぱいに膨らんで色付き始めたら180℃に下げて、さらに15〜20分ほど焼く。亀裂部分にも焼き色がついて全体にこんがりしたら焼き上がり。すぐにオーブンシートをはずして網の上で冷ます。
4. 完全に冷めたら、シューの底に箸などで穴を開けクリームを絞る。あれば粉砂糖をふる。

エクレアアレンジ

カフェオレクリームエクレア

カフェオレ味のクリームにコーヒーフォンダンをプラス。

材料（長さ12cmのもの約14個分）
○シュー生地
P.36同様
○クリーム
カスタードクリーム……420g
生クリーム……100ml
インスタントコーヒー（顆粒）……大さじ1
○コーヒーフォンダン
粉砂糖……100g
A｜水……20ml
　｜インスタントコーヒー（顆粒）……小さじ1

作り方
1. 「エクレア」と同様の手順で1〜5を作る。
2. ボウルにカスタードクリームを入れてゴムベラでほぐし、なめらかに混ぜてからインスタントコーヒーを加えて混ぜる。
3. 別のボウルに生クリームを入れ、ボウルの底を氷水にあてながら9分立てにする。カスタードクリームに2〜3回に分けて加えて混ぜ、星口金をつけた絞り袋に入れる。
4. シューが完全に冷めたら、上部1/3くらいのところで切りクリームを絞る。ボウルに粉砂糖を入れ、よく混ぜたAを少しずつ加えてつやが出るまでよく練る。シューの上部を手で持ってくぐらせ、下部にのせる。

いちごエクレア

甘いカスタードクリームにいちごの酸味がさわやか。

材料（長さ12cmのもの約14個分）
○シュー生地
P.36同様
○クリーム
カスタードクリーム……420g
生クリーム……100ml
いちご……14個
○コーティングストロベリーチョコ
ホワイトチョコ……150g
ストロベリーパウダー……小さじ2
太白ごま油……小さじ1/2

作り方
1. 「エクレア」と同様の手順で1〜6、クリームを作る。
2. シューが完全に冷めたら、シューの上部1/3くらいのところで切りクリームを絞る。いちごは1個を4等分に薄く切り、3〜4枚ずつ並べる。
3. ボウルに細かくきざんだホワイトチョコを入れ、60℃の湯煎で溶かす。
4. ストロベリーパウダーを加えて溶かし、太白ごま油を加えて混ぜる。シューの上部を手で持ってくぐらせ、下部にのせる。

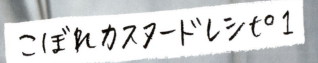

こぼれカスタードレシピ1

クリームパン & クリームドーナツ

焼けばパン。揚げればドーナツ。
配合も作り方も同じなので、その日の気分にあわせて選んでください。

クリームパン／クリームドーナツ

クリームが飛び出さないように、とじめをしっかりとじましょう。
ただし、とじめが厚くならないように注意して！

共通の材料

材料（直径6cmのもの8個分）
カスタードクリーム……280g
卵……1個
プレーンヨーグルト……大さじ2
きび砂糖……大さじ2
太白ごま油……大さじ1
A ┃ 薄力粉……150g
　┃ ベーキングパウダー……小さじ1

クリームドーナツ

強力粉（薄力粉でも）……適量
揚げ油……適量
きび砂糖……適量

[共通の下準備]
・カスタードクリームは8等分にしておく。
・Aはあわせてふるっておく。

[クリームパンの下準備]
・オーブンは180℃に予熱しておく。
・天板にオーブンシートを敷いておく。

作り方

1 ボウルに卵を溶きほぐし、プレーンヨーグルト、きび砂糖を加えて泡立て器でよく混ぜる。とろりとしたら太白ごま油を加えて混ぜる。

2 Aを加えてゴムベラでさっくり混ぜる。

3 ひとまとめにしてラップをして30分以上休ませる。

4 手に粉をつけながら8等分にして丸める。

5 手のひらで平らにのばし、カスタードクリームをのせて包み、とじめをしっかりとじる。

・カスタードクリームはほぐさないほうが包みやすい。
・とじめが厚くなると火通りが悪くなるので、なるべく重ならないようにする。

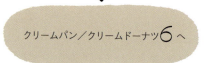

クリームパン／クリームドーナツ6へ

クリームパン

6

天板に並べる。

7

オーブンで15分ほど焼く。こんがり色づいたら取り出し、網の上で冷ます。

クリームドーナツ

6

強力粉をふったバットに並べる。

7

余分な粉を落とし、170℃に熱した油にそっと入れて菜箸でときどき転がしながら4分ほど揚げる。

8

きつね色になったら取り出して油を切り、熱いうちにきび砂糖をまぶす。

ちょっぴり贅沢なカスタードのおやつ

マフィン

こんがり焼いたカスタードと、中からとろりと出てくるカスタード。
2つの食感を味わって。

ミルフィーユ、ガトーバスクからアップルクランブルまで。贅沢で作るのに少し手がかかるけれど、でき上がりは抜群においしい。お客さんが来たときや特別な日のデザートにもおすすめです。

ブルーベリーカスタードマフィン

ブルーベリーがジャムのようにやわらかくなり、カスタードとからまります。

材料（直径7cmマフィン型5個分）

カスタードクリーム……200g
ブルーベリー（冷凍）……70g
卵……1個
きび砂糖……50g
太白ごま油……大さじ2
牛乳……大さじ3

A | 薄力粉……100g
　 | ベーキングパウダー……小さじ1

作り方

1. ボウルに卵を入れてほぐし、きび砂糖を加えて泡立て器でよく混ぜる。とろりとしたら太白ごま油、牛乳を順に加えて混ぜる。

2. ふるっておいたAを加え、ゴムベラで粉っぽさがなくなるまでさっくりと混ぜる。

3. それぞれの型に2の半量を流し入れカスタードクリームの半量とブルーベリーの半量をのせる。

アレンジレシピ

オレンジカスタードマフィン

オレンジは電子レンジで加熱してから使います。

材料（直径7cmマフィン型5個分）

カスタードクリーム……200g
オレンジ……1個
きび砂糖……小さじ1
卵……1個
きび砂糖……50g
太白ごま油……大さじ2

A | 薄力粉……100g
　 | ベーキングパウダー……小さじ1

※ オレンジは無農薬のものがおすすめ。無農薬ではない場合は塩でこすり洗いをして使用する。気になる場合は白いワタを少し残して皮をむくとよい。

[下準備]
・マフィン型に敷紙を敷いておく。
・Aはあわせてふるっておく。
・オーブンは180℃に予熱する。

今回は紙製のマフィン型を使用しているため、天板に直接おいて生地を流し入れ、焼いています。

4
残りの2を流し入れ、残りのカスタードクリームと残りのブルーベリーをちらす。

5
オーブンで20～25分焼く。竹串をさしてみてどろっとした生地がついてこなければ焼きあがり。

6
型から取り出し、敷紙をつけたまま網の上で冷ます。

作り方

1. オレンジは3mm厚さの輪切りを5枚とり、残りは果汁を絞ってとっておく。
2. 輪切りのオレンジを耐熱容器に並べ、きび砂糖小さじ1をふり、ラップを密着させて電子レンジ600Wで30秒加熱する。オレンジを取り出し、1の果汁をあわせて大さじ3にする。
3. ボウルに卵を割りほぐし、きび砂糖を加えて泡立て器でよく混ぜる。とろりとしたら太白ごま油、オレンジの果汁と煮汁を合わせたものを順に加えて混ぜる。
4. 型に生地を半量流し入れ、カスタードクリームの半量をのせる。残りの生地と残りのカスタードクリームをのせ、輪切りのオレンジをのせる。続けて「ブルーベリーカスタードマフィン」と同様の手順で5～6を作る。

バニラスフレ

作りおきができない、贅沢なおやつ。
一瞬でしぼんでしまうので、すぐに食べられるように準備して
焼きあがりを待ちましょう。
食べるときにスプーンで穴をあけて
ラズベリーソースやキャラメルソースをたらすのもおすすめ。

材料（直径10cm×高さ5.5cmのココット2台分）

カスタードクリーム……100g
○スフレ生地
　卵黄……2個分
　グラニュー糖（卵黄用）……20g
　薄力粉……20g
　牛乳……150ml
バニラビーンズ……1/3本
バター（食塩不使用）……10g
グランマニエ……大さじ1
卵白……2個分
グラニュー糖（卵白用）……20g
バター（食塩不使用・型用）……5g
グラニュー糖（型用）……小さじ2
粉砂糖……あれば適量

[下準備]
・オーブンは200℃に予熱しておく。

作り方

1. 型にバターを塗り、型用のグラニュー糖を全体にまぶして余分なグラニュー糖を落とす。カスタードクリームをゴムベラでやわらかくほぐし、なめらかに混ぜて型に分け入れ、冷蔵庫で冷やしておく。

2. バニラビーンズのさやに縦に切り込みを入れて裂き、中の種をこそげとる。

3. 小鍋に牛乳、2のさやと種を入れて火にかけ、沸騰直前まであたためる。

4. 大きめのボウルに卵黄を入れて泡立て器でほぐし、グラニュー糖を一度に加えて白っぽくなるまで混ぜる。薄力粉をふるい入れて軽くまぜ、3を少しずつ加えて溶きのばす。

5. こし器でこして小鍋に戻す。中火にかけ、ゴムベラで絶えず混ぜながら煮る。

6. とろみがつき、鍋底からぷくぷくと数回沸騰してきたら火からおろす。クリームにつやが出てゴムベラですくったときにさらさらと落ちるようになればOK。すぐにバター、グランマニエを加え混ぜて溶かし、ボウルに戻す。

7. 別のボウルに卵白を入れてコシを切るように溶きほぐし、グラニュー糖の1/3量を加えて泡立てる。ふんわりとして柔らかくツノが立つ程度に泡立ったら残りのグラニュー糖を2回に分けて加え、しっかりとしたメレンゲをつくる。

8. 6に7のメレンゲの1/3量を加えて泡立て器で混ぜる。残りのメレンゲを2回に分けて加え、泡を消さないようにさっくり混ぜる。1回目はぐるぐる、2〜3回目はすくい落としながらさっくり混ぜる。ゴムベラに持ち替えてムラのないように底から持ち上げるように混ぜる。

9. 1のココットに生地を流し入れ、パレットナイフで表面をすりきり、平らにして縁を一周手でぬぐい、きれいにする。オーブンで20分ほど焼く。好みですぐに粉砂糖をふる。

ビスコッティ

"2度焼いた"という意味のイタリアの焼き菓子。
ざくざくした食感の素朴なおやつです。

カスタードとナッツのビスコッティ

ナッツは丸ごと入れて断面にゴロゴロと現れます。

材料（10cm長さのもの15個）

カスタードクリーム……140g
A ｜ 薄力粉……120g
　｜ アーモンドパウダー……30g
　｜ ベーキングパウダー……小さじ1/2
　｜ きび砂糖……大さじ1
　｜ 塩……ひとつまみ
アーモンド（ホール）……20g
カシューナッツ……20g
ピスタチオ……20g
太白ごま油……大さじ1

［下準備］
・Aはあわせてふるっておく。
・ナッツ類は160℃に予熱したオーブンで7〜8分ローストし、冷ましておく。
・オーブンは170℃に予熱しておく。
・天板にオーブンシートを敷いておく。

作り方

1. ボウルにカスタードクリームを入れてゴムベラでやわらかくほぐし、なめらかに混ぜたら太白ごま油を加えて混ぜる。

2. Aをふるい入れ、ゴムベラで練らないようにさっくり混ぜる。

3. ローストしておいたナッツ類を加えて混ぜ、手でひとまとめにする。

4. 天板にのせ、10×20cmのなまこ型に成形し、オーブンで30分焼く。

5. 温かいうちに1cm幅に切り、切り口を上にしてふたたび天板に並べ、130℃のオーブンで30分焼く。こんがりと焼き色がついたら取り出し、網の上で冷ます。

※ 完全に冷めたら密閉容器に入れて保存する。

アレンジレシピ

カスタードと紅茶とオレンジピールのビスコッティ

紅茶とオレンジの香り豊かな組み合わせ。

材料（10cm長さのもの15個）
カスタードクリーム……140g
A│薄力粉……120g
 │アーモンドパウダー……30g
 │ベーキングパウダー……小さじ1/2
 │きび砂糖……大さじ1
 │塩……ひとつまみ
 │ティーバッグ（アールグレイ）……1個（2g）
オレンジピール（きざんだもの）……30g
太白ごま油……大さじ1

［下準備］
・Aはあわせてふるっておく。
・オーブンは170℃に予熱しておく。
・天板にオーブンシートを敷いておく。

作り方
「カスタードとナッツのビスコッティ」と同様の手順で1〜2を作る。オレンジピールを加えて混ぜ、手でひとまとめにする。続けて4〜5を作る。

カスタードとクランベリーのビスコッティ

ラム酒漬けのクランベリーで大人な味わい。

材料（10cm長さのもの15個）
カスタードクリーム……140g
A│薄力粉……130g
 │アーモンドパウダー……30g
 │ベーキングパウダー……小さじ1/2
 │きび砂糖……大さじ1
 │塩……ひとつまみ
ドライクランベリー……50g
ラム酒……大さじ1/2
太白ごま油……大さじ1

［下準備］
・Aはあわせてふるっておく。
・オーブンは170℃に予熱しておく。
・天板にオーブンシートを敷いておく。

作り方
ドライクランベリーはラム酒に漬け込み、ラップを密着させて10分以上おく。「カスタードとナッツのビスコッティ」と同様の手順で1〜2を作る。ドライクランベリーを漬け汁ごと加えて混ぜ、手でひとまとめにする。続けて4〜5を作る。

タルト

タルト生地とカスタードがあれば、憧れのタルトもアレンジ自在。
フルーツタルトはいちごやマンゴー、洋梨など、好みのフルーツを組み合わせて。

グレープフルーツのタルト

グレープフルーツの酸味が軽やかで、見た目も華やか!

材料(直径18cmタルト型1台)
カスタードクリーム……140g
生クリーム……50ml
コアントロー……好みで小さじ1
粉ゼラチン……2.5g
水……大さじ1
グレープフルーツ(ホワイト・ルビー)……各1個
チャービル……あれば適量
ナパージュ……あれば適量

作り方

1 ボウルにバターを入れてやわらかくなるまでゴムベラで練り、粉砂糖、塩を加えて混ぜる。卵黄を加えてなめらかになるまで混ぜる。

2 薄力粉をふるい入れ、粉っぽさがなくなるまでゴムベラで切るように混ぜる。生地を円形に整えてラップに包み、冷蔵庫で30分以上休ませる。

3 オーブンは180℃に予熱する。生地をラップではさみ、生地をまわしながらめん棒で3mm厚さにのばし、タルト型よりひとまわり大きい円形にする。

4 片方のラップをはずして型の上まで移動し、そっと生地をのせる。

5 生地を型にそわせるようにして密着させ、型に敷き込む。ラップをはずして型の上でめん棒を転がし、はみ出た生地を切り取る。

6 型の上から少し生地がはみ出るぐらいに生地を指で押さえ、フォークで穴をあける。

> しっかりと穴をあけていれば重石をのせなくても底がふくらまない。心配な場合は敷紙を敷いて重石をのせて焼くとよい。

アレンジレシピ

レモンクリームタルト

レモンの酸味をきゅんときかせた定番タルトです。

材料(直径18cmタルト型1台)
カスタードクリーム……250g
レモン(国産)……1個
粉ゼラチン……2.5g
水……大さじ1
ピスタチオ(みじん切り)……適宜
○タルト生地
「グレープフルーツのタルト」と同量

作り方
「グレープフルーツのタルト」と同様の手順で**1〜7**まで作る。粉ゼラチンは分量の水にふり入れ、ふやかす。レモンは表皮をけずり、果汁を絞って大さじ2とる。カスタードクリームはゴムベラでやわらかくほぐし、なめらかに混ぜてからレモンの表皮と絞り汁を加えて混ぜる。ゼラチンを電子レンジ600Wで10秒ほど加熱して溶かして加え、手早く混ぜる。焼きあがった型に入れて平らにならし冷蔵庫で1時間以上冷やし固める。あればピスタチオを飾る。

○ タルト生地
バター（食塩不使用）……80g
粉砂糖……50g
塩……ひとつまみ
卵黄……1個分
薄力粉……130g

[下準備]
・バターは常温に戻しておく。

※ 焼きあがったタルトの底に溶き卵を塗って3分ほど焼く、または湯煎で溶かしたホワイトチョコ50g程度を塗り広げるとサクサク感が長持ちする。

※ タルト生地はフードプロセッサーで作ってもよい。その場合、バターは常温に戻さずに使用。粉砂糖、塩、薄力粉を入れてざっと混ぜ、バターを加えてサラサラになるまで混ぜる。卵黄を加えてひとまとまりになるまで混ぜる。円形にして休ませるところからは同じ。

オーブンで30分焼く。焼き色がついたら取り出して型のまま網の上で冷ます。粗熱がとれたら型からはずし、網の上で冷ます。

粉ゼラチンは分量の水にふり入れ、ふやかす。グレープフルーツはそれぞれ皮をむいて房からはずし、ペーパーで水気をふきとる。

カスタードクリームはゴムベラでやわらかくほぐす。別のボウルに生クリームを入れ、ボウルの底を氷水にあてながら泡立て、8分立てにして、カスタードクリームのボウルに2回に分けて加え混ぜ、好みでコアントローを加えて混ぜる。

ふやかしておいたゼラチンは電子レンジ600Wで10秒加熱して溶かし、9に加えてダマにならないように手早く混ぜる。

7に10を入れて平らにならし、8のグレープフルーツをバランスよくのせて冷蔵庫で1時間ほど冷やす。あればナパージュを塗り、チャービルを飾る。

ダークチェリーのタルト

ごろごろダークチェリーが水玉のよう。

材料（直径18cmタルト型1台）
カスタードクリーム……280g
キルシュ……好みで小さじ1
ダークチェリー（缶詰）……20個
※ ペーパーで水気をふきとる
粉砂糖……適量

○ タルト生地
「グレープフルーツのタルト」と同量

作り方

「グレープフルーツのタルト」と同様の手順で1〜7まで作る。カスタードクリームはゴムベラでやわらかくほぐし、なめらかに混ぜてから好みでキルシュを加えて混ぜる。焼きあがった型に入れて平らにならし、ダークチェリーをのせて軽く押さえ、ふたたび180℃のオーブンで15分ほど焼く。粉砂糖をふる。

こぼれカスタードレシピ2

いろいろ使える カスタードペースト

チーズカスタード
軽やかなチーズクリーム。
フルーツとも相性バツグンです。

ラズベリーカスタード
くすんだピンクがかわいいクリーム。
ラズベリーの酸味が味を引き締めます。

ラムフィグカスタード
ラム酒漬けのドライいちじくが
ごろごろ入った大人なペースト。

材料（作りやすい分量）
カスタードクリーム……140g
クリームチーズ……60g

作り方
1. カスタードクリームはゴムベラでやわらかくほぐす。
2. ボウルに常温に戻したクリームチーズを入れて練り、1を少しずつ加えて混ぜる。

材料（作りやすい分量）
カスタードクリーム……280g
ラズベリーパウダー……大さじ2

作り方
1. カスタードクリームはゴムベラでやわらかくほぐす。
2. ラズベリーパウダーを少しずつ加えて混ぜる。
※ストロベリーパウダー、クランベリーパウダーなど他の粉末でも。

材料（作りやすい分量）
カスタードクリーム……280g
ラム酒……大さじ2
ドライいちじく……60g

作り方
1. カスタードクリームはゴムベラでやわらかくほぐす。
2. ドライいちじくは粗くきざみ、ラム酒に漬けてラップを密着させて10分ほど置く。
3. 1に2を漬け汁ごと加えて混ぜる。

パンやビスケットにそのまま塗るほか、シューに詰めたり、クレープで包んでも。
カスタードクリームの可能性がぐんと広がるペーストです。

紅茶カスタード
アールグレイの風味が
ぎゅっと詰まっています。

オレンジカスタード
オレンジピールとオレンジリキュールで
フルーティーなペースト。

チョコカスタード
甘さ控えめがお好みの方は
ビターチョコを使ってください。

材料（作りやすい分量）
カスタードクリーム……280g
ティーバッグ（アールグレイ）
……2個（約4.5g）

作り方
1. カスタードクリームはゴムベラでやわらかくほぐす。
2. ティーバッグから紅茶葉を出して1に加えて混ぜる。

※カスタードクリームを新たに作る場合は、牛乳を温めるときにティーバッグ2個を鍋に入れて煮出し、濃いめのミルクティーでカスタードを作るとよい。

材料（作りやすい分量）
カスタードクリーム……280g
オレンジピール（きざんだもの）
……大さじ3（50g）
グランマニエ……小さじ2

作り方
1. カスタードクリームはゴムベラでやわらかくほぐす。
2. オレンジピール、グランマニエを加えて混ぜる。

材料（作りやすい分量）
カスタードクリーム……280g
チョコレート（スイート）……50g

作り方
1. カスタードクリームはゴムベラでやわらかくほぐす。
2. チョコレートは細かくきざみ、湯煎にかけて溶かし、1に加えて混ぜる。

※カスタードクリームを新たに作る場合は、最後にバターを加えるタイミングで一緒にきざんだチョコレートを加え、余熱で溶かして混ぜるとよい。

アップルカスタードクランブル

ざくざくクランブルに、あつあつとろりのカスタードとりんご。
火が通ったやわらかいりんごがお好みなら、小さく薄切りにしても。

材料（26×14.5×4cm角の耐熱容器1台分）
カスタードクリーム……280g
りんご（あれば紅玉）……2個（約400g）

○ クランブル
バター（食塩不使用）……40g
A｜薄力粉……60g
　｜アーモンドパウダー……40g
　｜きび砂糖……40g
　｜シナモンパウダー……小さじ1

[下準備]
・オーブンは200℃に予熱しておく。
・バターは1cm角に切り、使う直前まで冷蔵庫で冷やしておく。

作り方

1. ボウルにAを入れて混ぜ、バターを加え、指先でつぶしながら粉をまぶす。

2. 両手をこすりあわせるようにして、そぼろ状になるまで混ぜ、使うまで冷蔵庫で冷やす。

3. 別のボウルにカスタードクリームを入れてゴムベラでやわらかくほぐす。

4. りんごは皮をむいて芯をとり、8等分のくし形切りにしてさらに半分に切る。3に加えて混ぜる。

5. 4を耐熱容器に入れ、2を全体にちらして、オーブンで30分ほど焼く。

※ クランブルは冷凍できる。多めに作って冷凍しておくと便利。保存袋に入れて冷凍庫で2週間保存可能。

ブルーベリーのガトーバスク

バスク地方発祥の伝統菓子。ここでは厚めのクッキー生地に
カスタードとブルーベリーをたっぷり詰め込みました。

材料（直径15cm丸型1台分）
カスタードクリーム……140g
アーモンドパウダー……15g
キルシュ……大さじ1/2
ブルーベリー（冷凍）……60g

○ バスク生地
バター（食塩不使用）……100g
粉砂糖……50g
卵……1個
A | 薄力粉……100g
　 | アーモンドパウダー……30g
溶き卵（つや出し用）……適量

［下準備］
・型にバター（分量外）を塗っておく。
・バターと卵はそれぞれ常温に戻し、卵はよく溶きほぐしておく。
・Aはあわせてふるっておく。

作り方

1 ボウルにバターを入れてやわらかくなるまでゴムベラで練り、粉砂糖を加えて泡立て器で白っぽくなるまですり混ぜる。

2 よく溶いた卵を4〜5回に分けて少しずつ加えてハンドミキサーで混ぜる。

3 ふるっておいたAを加え、粉っぽさがなくなるまでゴムベラでしっかり混ぜ、直径1cmの丸口金をつけた絞り袋に入れる。

4 ボウルにカスタードクリームを入れてゴムベラでやわらかくほぐし、アーモンドパウダー、キルシュを加えてなめらかに混ぜる。

5 型に3の1/3量を中心からうず巻き状に絞る。底いっぱいに絞り終えたら、型の側面に沿って2周絞り、冷蔵庫で15分ほど休ませる。残りの生地は絞り袋のまま残しておく。

6 オーブンは180℃に予熱する。カスタードクリームの半量を入れてゴムベラでざっとならす。ブルーベリーをちらし、残りのカスタードクリームをのせて平らにならす。

7 5の残りの生地を中心からうず巻き状に絞り、ゴムベラやパレットナイフで平らにならす。

8 溶き卵をはけで塗り、フォークで模様を描く。

9 オーブンで40〜50分ほど焼く。こんがりと色づいたら網の上で冷まし、完全に冷めたら型からはずす。

カンノーリ

イタリアのシチリア島発祥の「小さな筒」という意味のお菓子。
本来のものよりもかための生地にアレンジし、
リコッタチーズとカスタードクリームをあわせたクリームを詰めています。

材料（7cmのもの12個分）

- カスタードクリーム……140g
- リコッタチーズ……100g
- ピスタチオ（みじん切り）……好みで適量
- 粉砂糖……好みで適量
- 強力粉（薄力粉でも）……適量

○ 生地
- 卵白……35g（1個分）
- きび砂糖……大さじ1
- 白ワイン……大さじ1
- オリーブオイル……小さじ1
- 薄力粉……100g
- 揚げ油……適量

> 餃子の皮でも作れます

[下準備]
- アルミホイルで直径2.5cm 長さ7cmの円錐形の型を作り、表面に油を塗っておく。（コルネ型があれば使用する。）
- リコッタチーズは水分を抜いておく。

作り方

1 ボウルに卵白を入れて泡立て器でほぐし、きび砂糖、白ワイン、オリーブオイルを加えて混ぜる。薄力粉をふるい入れ、ゴムベラで混ぜる。

2 生地がまとまってきたら均一になるまで手でこね、丸めなおしてラップで包み、冷蔵庫で30分ほど休ませる。

3 別のボウルにカスタードクリームを入れてゴムベラでやわらかくほぐし、リコッタチーズを加えて混ぜ、使うまで冷蔵庫で冷やしておく。

4 2を20cm程度の棒状にのばし、12等分に切り分ける。作業台とめん棒に強力粉をふり、それぞれ2mm厚さ、7cmの正方形にのばす。

5 型に巻きつけ、重なる部分に指で水をつけてとじめを押さえてくっつける。

6 フライパンに油を2〜3cm入れて160℃に熱し、5を入れる。最初は触らず、ある程度かたまってきたら転がしながら全面にうっすら色付くまで揚げ焼きにする。

7 いったん取り出して型をはずし（やけどに注意！）、ふたたび油に入れ、火を強めてこんがりときつね色になったら取り出し、しっかりと油を切りながら冷ます。

8 スプーンで3を入れ、ピスタチオをちらして好みで粉砂糖をふる。

※ 生地の代わりに餃子の皮（大判）を使っても。その場合も同様に型を作り、5以降は同じ。

自家製リコッタチーズの作り方

鍋に牛乳200ml、生クリーム100ml、塩ひとつまみを入れて中火で熱し、混ぜながら沸騰させずに90℃くらいまで温める。火からおろして、レモンの絞り汁小さじ2を加え、2回ほど大きく混ぜて、5分ほど放置する。ボウルにざる、キッチンペーパーを2枚重ねにセットしてこし、1時間ほど放置する。

ダックワーズ

メレンゲを使ったアーモンド風味の焼き菓子。
ポイントはしっかりとしたメレンゲをつくること、
なるべく泡をつぶさないことです。

プレーン

アーモンド風味の生地に、シンプルなカスタードクリームを挟みます。

材料（直径4cmのもの14個分）

カスタードクリーム……50g
バター（食塩不使用）……15g
コアントロー……好みで小さじ1/2
卵白……70g（M玉2個分）
グラニュー糖……20g

A │ アーモンドパウダー……50g
　│ 粉砂糖……30g

粉砂糖……適量

[下準備]
・オーブンは180℃に予熱しておく。
・天板にオーブンシートを敷いておく。
・Aはあわせてふるっておく。

・カスタードクリームとバターは
　それぞれ常温に戻しておく。

※ 作りたてのカスタードクリームを使う場合は、ラップをして急冷し常温に冷ます。冷蔵庫で冷やしていた場合は、使う少し前に出し常温に戻す。冷たすぎるとバターを加えた時に分離し、温かすぎるとバターが溶けるので注意。

作り方

1
ボウルに卵白を入れてコシを切るように溶きほぐし、グラニュー糖の1/3量を加えて泡立てる。ふんわりとして柔らかくツノが立つ程度に泡立ったら残りのグラニュー糖を2回に分けて加え、しっかりとしたメレンゲをつくる。

2
Aを2～3回に分けて加え、ゴムベラでさっくり混ぜ、丸口金（直径8mm）をつけた絞り袋に入れる。

3
天板に直径4cmにこんもりと28個絞る。茶漉しで粉砂糖をたっぷりふり、オーブンで15分ほど焼く。網の上で冷ます。

4
ボウルにカスタードクリームを入れてゴムベラでやわらかくほぐす。

5
別のボウルでバターをやわらかく練り、4に2回に分けて加えて混ぜる。好みでコアントローを加えて混ぜる。

6
3の半量を裏返して5をのせ、残りの生地と組み合わせてサンドする。密閉容器に入れて冷蔵庫で冷やす。

※ クリームをサンドする前の状態で密閉容器に入れて常温1週間保存可能。
※ 3でハート型や楕円形、スティック状などに絞ってもよい。
※ ダックワーズ型を使う場合はオーブンシートの上に型をのせ、生地を絞ってからスケッパーで余分な生地をこすりとって型を上に持ち上げてはずす。2回目以降は型をさっと水洗いしてから使う。45×70×10mmのもの6個分（12枚焼いて挟む）。

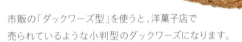

市販の型を使って

市販の「ダックワーズ型」を使うと、洋菓子店で売られているような小判型のダックワーズになります。

アレンジレシピ

ココア&フランボワーズ
ココアとフランボワーズの大人な組み合わせ。

材料（直径4cmのもの14個分）

カスタードクリーム……50g
バター（食塩不使用）……15g
フランボワーズパウダー……小さじ2
卵白……70g（M玉2個分）

グラニュー糖……20g
A｜アーモンドパウダー……50g
　｜粉砂糖……30g
　｜ココアパウダー……小さじ1
粉砂糖……適量

作り方

「プレーン」と同様の手順で**1～3**まで作る。ボウルにカスタードクリームを入れてゴムベラでやわらかくほぐし、なめらかになったらフランボワーズパウダーを加えて混ぜる。続けて**5～6**を作る。

抹茶
抹茶の生地と抹茶クリームのW抹茶味。

材料（直径4cmのもの14個分）

カスタードクリーム……50g
抹茶パウダー……小さじ1/2（1g）
バター（食塩不使用）……15g
卵白……70g（M玉2個分）

グラニュー糖……20g
A｜アーモンドパウダー……50g
　｜粉砂糖……30g
　｜抹茶パウダー……小さじ1（2g）
粉砂糖……適量

作り方

「プレーン」と同様の手順で**1～3**まで作る。ボウルにカスタードクリームを入れてゴムベラでやわらかくほぐし、なめらかになったら抹茶パウダーをふるい入れて混ぜる。続けて**5～6**を作る。

マロン
マロンペーストとラム酒の大人なクリーム。

材料（直径4cmのもの14個分）

カスタードクリーム……25g
マロンペースト……25g
ラム酒……好みで小さじ1/2
卵白……70g（M玉2個分）

グラニュー糖……20g
A｜アーモンドパウダー……50g
　｜粉砂糖……30g
粉砂糖……適量

作り方

「プレーン」と同様の手順で**1～3**まで作る。常温に戻しておいたマロンペーストを別のボウルでやわらかく練り、カスタードクリームを加えて混ぜる。なめらかになったら好みでラム酒を加えて混ぜる。続けて**6**を作る。

ミルフィーユ

サクサクのパイとなめらかなクリームを重ねる、憧れのおやつ。
ここでは手軽に作れる練りパイ生地を使います。
生地が膨らまないように天板を重しにして焼くのがポイントです。

いちごのミルフィーユ

パイ生地、クリーム、薄切りのいちごを
重ねる作業は、ぜひ食べる直前に！

材料（5×10cmのもの4個分）
カスタードクリーム……280g
キルシュ……好みで小さじ1
いちご……8個
粉砂糖……適量

○ パイ生地
A | 薄力粉……100g
  | 塩……ひとつまみ
バター（食塩不使用）……60g
冷水……25〜30ml
粉砂糖……小さじ2

作り方

1 ボウルに冷やしておいたAとバターを入れ、スケッパーで切るように混ぜる。

2 両手でこすり合わせるようにして全体が黄色っぽくなってサラサラになったら、冷水を3回に分けて加え、切るように混ぜる。

3 生地をまとめ、スケッパーで半分に切って重ねて上から押さえる。これを5回繰り返して四角くにまとめ、ラップで包んで冷蔵庫で30分以上休ませる。

4 オーブンを200℃に予熱する。天板に合わせて3mm厚さにのばし（ここでは25×30cmサイズ）、フォークで全体に穴をあける。オーブンで15分焼き、こんがりとして膨らんできたらいったん取り出す。

5 天板をのせて平らにし、天板をのせたまま再び200℃のオーブンに入れ、15分焼く。

> 天板の代わりにバットを使ってもよい。

6 ふたたび取り出し、上に乗せた天板をはずし、パイにまんべんなく粉砂糖をふって、200℃のオーブンで10分焼く。粉砂糖がとけてパイ生地につやがあれば焼き上がり。

アレンジレシピ

マロンのミルフィーユ

マロンクリームで濃厚な味わいに仕上げます。

材料（5×10cmのもの4個分）
カスタードクリーム……70g
マロンペースト……70g
牛乳……大さじ1
ラム酒……好みで小さじ1/2
栗の渋皮煮……あれば4個
粉砂糖……適量

○ パイ生地
A | 薄力粉……100g
  | 塩……ひとつまみ
バター（食塩不使用）……60g
冷水……25〜30ml
粉砂糖……小さじ2

[下準備]
・天板にオーブンシートを敷いておく。
・Aはあわせてふるい、冷蔵庫で冷やしておく。
・バターは1cm角に切って冷蔵庫で
  冷やしておく。

7 網にのせて冷まし、四辺をカットしてきれいにし、12等分（約5×10cm）に切る。

8 ボウルにカスタードクリームを入れてゴムベラでやわらかくほぐし、好みでキルシュを加えて混ぜ、星口金をつけた絞り袋に入れる。

9 いちごはヘタを取り、4等分の薄切りにする。

10 7に8を絞り、薄切りにしたいちごをのせる。パイ、クリーム、いちご、パイと重ね、粉砂糖をふる。同様にあと3個つくる。

※ パイ生地はフードプロセッサーで作ってもよい。薄力粉、塩を入れてざっと混ぜ、バターを加えてサラサラになるまで混ぜる。冷水を加えてひとまとまりになるまで混ぜる。四角くして休ませるところからは同じ。

食べる直前に10の工程を行って仕上げると、パイのサクサク感をより味わえる。

作り方
「いちごのミルフィーユ」と同様の手順で1〜7まで作る。ボウルにカスタードクリームを入れてゴムベラでやわらかくほぐす。別のボウルにマロンペーストを入れてやわらかく練り、牛乳とラム酒を少しずつ加えてのばす。カスタードクリームを2回に分けて加え、その都度泡立て器で混ぜ、モンブラン用の口金をつけた絞り袋に入れる。パイ生地にクリームを絞り、パイ、クリーム、パイと重ね、栗の渋皮煮をのせて粉砂糖をふる。同様にあと3個つくる。

71

ミルフィーユをさらにアレンジ

アプリコットカスタードデニッシュ

ミルフィーユと同じ練りパイ生地で、小さなデニッシュ風に仕上げました。

洋梨のシナモンカスタードパイ

クリームを包み込んだ三角パイ。シナモンを加えて香りよく仕上げます。

アプリコットカスタードデニッシュ

アプリコットの代わりにダークチェリーやマンゴーでも。

材料（8cm角のもの6個分）

カスタードクリーム……70g
アプリコット（缶詰・半割）……6切れ
溶き卵……適量
ナパージュ（またはアプリコットジャム）
……あれば適量

○ パイ生地

A | 薄力粉……100g
　| 塩……ひとつまみ

バター（食塩不使用）……60g
冷水……25～30ml

［下準備］

・天板にオーブンシートを敷いておく。
・Aはあわせてふるい、冷蔵庫で冷やしておく。
・バターは1cm角に切って冷蔵庫で冷やしておく。
・アプリコットはキッチンペーパーで水気をふきとっておく。
・オーブンを200℃に予熱する。

作り方

1
「いちごのミルフィーユ」と同様の手順で1～3まで作る。

2

1をめん棒で3mm厚さ、16×24cmの長方形にのばし、フォークで穴をあけて6等分（8×8cmの正方形）に切る。

3

対角の角2ヶ所を残してL字に切り込みを入れる。

4

切れ目を入れた部分の外側に溶き卵をはけで塗り、卵を塗った端を対角線上の端にくっつけ、もう片方も同じように対角線上にくっつけ、互い違いに折りこむ。

5

ボウルにカスタードクリームを入れてゴムベラでやわらかくほぐし、4の中央にのせ、アプリコットをのせる。パイの部分に溶き卵をはけで塗る。

6

オーブンで20分ほど焼く。パイがこんがりと色づいたら網にのせて冷まし、あれば熱いうちにアプリコットにナパージュ（またはアプリコットジャム）を塗る。

洋梨のシナモンカスタードパイ

りんご、バナナ、レーズンなどもおすすめです。

材料（8cmの三角形のもの6個分）
カスタードクリーム……70g
洋梨（缶詰・半割）……1切れ
シナモンパウダー……小さじ1/8
溶き卵……適量

○ パイ生地
A ┃ 薄力粉……100g
　┃ 塩……ひとつまみ
バター（食塩不使用）……60g
冷水……25〜30ml

［下準備］
・天板にオーブンシートを敷いておく。
・Aはあわせてふるい、冷蔵庫で冷やしておく。
・バターは1cm角に切って冷蔵庫で冷やしておく。
・オーブンを200℃に予熱する。
・洋梨はキッチンペーパーで水気をふきとり、2cm角に切る。

作り方

1
「いちごのミルフィーユ」と同様の手順で1〜3まで作る。

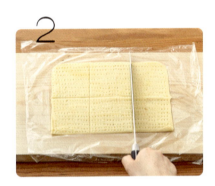

2 1をめん棒で3mm厚さ、16×24cmの長方形にのばし、フォークで穴をあけて6等分（8×8cm正方形）に切る。

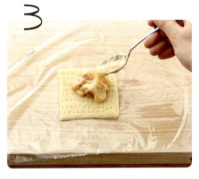

ボウルにカスタードクリームを入れてゴムベラでやわらかくほぐす。洋梨とシナモンパウダーを加えて混ぜる。2にのせる。

4 端に溶き卵を塗り、対角に折る。端をフォークで押さえてくっつける。

5 溶き卵をはけで塗り、オーブンで20分ほど焼く。

6 パイがこんがりと色づいたら網にのせて冷ます。

こぼれカスタードレシピ 3

\ やさしい甘さの /
カスタードのドリンク

カフェ風？喫茶店風？
カスタードソースがあれば、どちらも簡単に作れます。

カスタードラテ

ほっとひと息つきたいときに。
やさしい甘さがしみます。

材料（250mlのカップ1杯分）
濃いめのコーヒー……100ml
牛乳……50ml
カスタードソース……大さじ1

作り方
1. 牛乳は電子レンジで温め、泡立てる。
2. カップにコーヒー、1の牛乳を注ぎ、カスタードソースをたらす。

ミルクセーキ

懐かしのひんやりドリンクが
あっというまに完成します。

材料（200mlのグラス1杯分）
カスタードソース……150ml
氷……150g
チェリー（缶詰）……あれば1個

作り方
1. カスタードソースと氷をミキサーに入れ、食感が残るくらいに攪拌する。
2. グラスに注ぎ、あればチェリーを飾る。

カスタードのカップデザート

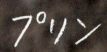

カスタードのおやつの大定番といえばこれ。
今回は異なる食感の4種のプリンを集めました。
お好みの口どけと味わいを楽しんでください。

昔ながらのプリン

しっかりとした食感の懐かしいプリン。
カラメルはちょっと濃いに。

クリームブリュレ

濃厚でなめらかな口当たり。
表面に砂糖を広げて焦がし、パリッとした食感に。

できたてをスプーンでそのまますくって食べられるのが嬉しいカップデザート。
器を変えれば完成の印象も変わります。持ち運びやすいので、パーティーのお持たせや贈り物にも便利。

とろけるプリン

つるんととろける口当たり。
とろける食感なので食べ過ぎないよう注意して。

蒸しプリン

シンプルな材料で作る定番のプリン。
キャラメルが入っていない、あっさりした味です。

昔ながらのプリン

材料（130mlのプリン型5個）Total 約550ml
牛乳……350ml／グラニュー糖……50g
卵……3個／バニラビーンズ……1/3本
○ カラメルソース
グラニュー糖……50g／水……大さじ1／熱湯……大さじ1

［下準備］
・オーブンを160℃に予熱する。
・湯煎用に60℃の湯を用意しておく。

作り方
1. 小鍋にカラメルソース用のグラニュー糖、水を入れて中火にかけ、ときどき鍋をまわしながら溶かす。均一なキャラメル色になったら火を止め熱湯を注ぐ（はねるのでやけどに注意）。カラメルソースが固まらないうちにプリン型に流して冷ます。
2. バニラビーンズのさやに縦に切り込みを入れて裂き、中の種をこそげとる。小鍋に牛乳、バニラビーンズのさやと種を入れて火にかけ、沸騰直前まであたためる。
3. ボウルに卵を入れて泡立て器でほぐし、グラニュー糖を加えて空気を入れないようにすり混ぜる。
4. 2を少しずつ加えて溶きのばし、ざるでこしてバニラのさやを取り除く①。1に流し入れ、表面の泡を取り除く②。
5. バットにキッチンペーパーを入れて4を並べ、カップの1/3くらいの高さまで60℃の湯を入れる。
6. 160℃に温めておいたオーブンで40〜50分焼く。オーブンから取り出し、粗熱がとれたら冷蔵庫で冷やす。

クリームブリュレ

材料（直径10cmの耐熱容器2個）Total 約400ml
生クリーム……300ml
グラニュー糖……40g
卵黄……3個
バニラビーンズ……1/3本
カソナード（またはブラウンシュガー）……大さじ2

［下準備］
・オーブンを120℃に予熱する。

作り方
1. バニラビーンズのさやに縦に切り込みを入れて裂き、中の種をこそげとる。小鍋に生クリーム、バニラビーンズのさやと種を入れて火にかけ、沸騰直前まであたためる。
2. ボウルに卵黄を入れて泡立て器でほぐし、グラニュー糖を加えて空気を入れないようにすり混ぜる。
3. 1を少しずつ加えて溶きのばし、ざるでこしてバニラのさやを取り出す。型に流し入れ、表面の泡を取り除く。
4. 120℃に温めておいたオーブンで40分ほど焼く。
5. オーブンから取り出し、粗熱がとれたら冷蔵庫で冷やす。カソナードを表面にふり、スプーンの背で薄く均一に広げる。バーナーで焼き、まんべんなく焼き色をつける①。バーナーがなければオーブントースターやグリルなどで焼く。バットなどを裏返して台を作り、表面を熱源に近づけるとよい。

とろけるプリン

材料（120mlのプリン型5個）Total 約500ml

牛乳……200ml／生クリーム……150ml／グラニュー糖……50g
全卵……1個／卵黄……2個／バニラビーンズ……1/3本
〇 カラメルソース
グラニュー糖……50g／水……大さじ1／熱湯……大さじ1

[下準備]
・オーブンを140℃に予熱する。
・湯煎用に60℃の湯を用意しておく。

作り方

1. 小鍋にカラメルソース用のグラニュー糖、水を入れて中火にかけ、ときどき鍋をまわしながら溶かす。均一なキャラメル色になったら火を止め熱湯を注ぐ（はねるのでやけどに注意）。カラメルソースが固まらないうちにプリン型に流して冷ます。
2. バニラビーンズのさやに縦に切り込みを入れて裂き、中の種をこそげとる。小鍋に牛乳、生クリーム、バニラビーンズのさやと種を入れて火にかけ、沸騰直前まであたためる。
3. ボウルに全卵、卵黄を入れて泡立て器でほぐし、グラニュー糖を加えて空気を入れないようにすり混ぜる。
4. 2を少しずつ加えて溶きのばし、ざるでこしてバニラのさやを取り出す。1に流し入れ、表面の泡を取り除く①。
5. バットにキッチンペーパーを入れて4を並べ、カップの1/3くらいの高さまで60℃の湯を入れる。
6. 140℃に温めておいたオーブンで40～50分焼く。オーブンから取り出し、粗熱がとれたら冷蔵庫で冷やす。

①

蒸しプリン

材料（130mlのプリン型4個）Total 約520ml

牛乳……200ml／生クリーム……150ml
グラニュー糖……50g／全卵……2個／卵黄……1個
バニラビーンズ……1/3本

作り方

1. バニラビーンズのさやに縦に切り込みを入れて裂き、中の種をこそげとる。小鍋に牛乳、生クリーム、1を入れて火にかけ、沸騰直前まであたためる。
2. ボウルに全卵、卵黄を入れて泡立て器でほぐし、グラニュー糖を加えて空気を入れないようにすり混ぜる。
3. 1を少しずつ加えて溶きのばし、ざるでこしてバニラのさやを取り出す。型に流し入れ、表面の泡を取り除く。
4. プリン型ひとつずつにアルミホイルでふたをし、厚手のホーロー鍋などにキッチンペーパーを入れてカップを並べ、カップの1/3くらいの高さまで水を入れてふたをして火にかける。
5. 沸騰したらごく弱火で12～15分蒸す。鍋から取り出し、粗熱をとり、冷蔵庫で冷やす。

※ 厚手のホーロー鍋などなら、沸騰後3分加熱して火を止め、ふたをしたまま30分ほど放置でもOKです。

※ プリンは型の素材や大きさによって焼き時間、蒸し時間、できあがりの個数が変わるので様子を見ながら調節してください。

冷やし固めるだけのメープルカスタードプリン

カスタードソースを牛乳でのばしてゼラチンで固めるだけの
お手軽プリン。メープルシロップの量はお好みで調節してください。

材料（170mlのプリン型 2個）Total 約 330ml

カスタードソース……230ml
牛乳……100ml
粉ゼラチン……5g
水……大さじ2
メープルシロップ……適量

[下準備]
・粉ゼラチンは分量の水にふり入れ、ふやかしておく。

作り方

カスタードソースに牛乳を加えて混ぜる。

ゼラチンを電子レンジ600Wで10秒ほど加熱して溶かし、1に加えて手早く混ぜる。

器に流し入れ、冷蔵庫で2〜3時間冷やし固める。完全に固まったら、メープルシロップをかける。

ババロア

カスタードソースがあれば、ババロアもあっというまにでき上がり。
毎日のおやつに活躍してくれます。

バニラ

カスタードの味をいかしたシンプルなババロア。生クリームを泡立てて軽めの食感に仕上げます。

材料（130mlのプリン型4個）Total 約450ml
カスタードソース……230ml
生クリーム……100ml
粉ゼラチン……5g
水……大さじ2

[下準備]
・粉ゼラチンは分量の水にふり入れ、ふやかしておく。

作り方

1. ボウルに生クリームを入れ、ボウルの底を氷水にあてながら8分立てにする。

2. 別のボウルにカスタードソースを入れ、**1**を2回に分けて加え、泡立て器で混ぜる。

3. ゼラチンを電子レンジ600Wで10秒ほど加熱して溶かし、**2**に加えて手早く混ぜる。

4. 器に流し入れ、冷蔵庫で2〜3時間冷やし固める。

アレンジレシピ

キャラメル　キャラメルの香りと苦味で味が締まります。

材料（130mlのプリン型4個）Total 450ml
カスタードソース……230ml　　粉ゼラチン……5g
生クリーム……100ml　　　　　水……大さじ2
グラニュー糖……大さじ1

[下準備]
・粉ゼラチンは分量の水に
　ふり入れ、ふやかしておく。
・カスタードソースは常温に戻しておく。

作り方　小鍋にグラニュー糖を入れて中火で熱し、色づいてきたら鍋を回して均一にし、濃いキャラメルを作る。カスタードソースを加えて混ぜ、ボウルに入れて粗熱をとる。「バニラ」と同様の手順で1を作り、2回に分けてキャラメルに加え、泡立て器でさっくり混ぜる。ふやかしておいたゼラチンを電子レンジ600Wで10秒ほど加熱して溶かして加え、手早く混ぜる。器に流し入れ、冷蔵庫で2～3時間冷やし固める。
※カスタードソースが冷たいと1で混ぜ合わせたときに固まってしまう。その場合は弱火にかけて温め、溶かすとよい。

マンゴー　夏に食べたい、さっぱり系のババロアです。

材料（130mlのプリン型4個）Total 430ml
カスタードソース……230ml　　粉ゼラチン……5g
マンゴーピュレ（市販）……150g　水……大さじ2
牛乳……50ml

[下準備]
・粉ゼラチンは分量の水に
　ふり入れ、ふやかしておく。

作り方　小鍋にカスタードソース、マンゴーピュレ、牛乳を入れて弱火にかけ、混ぜながら沸騰直前まで温める。ふやかしておいたゼラチンを加えて溶かす。器に流し入れ、冷蔵庫で2～3時間冷やし固める。
※マンゴーピュレは缶詰や冷凍のマンゴーをミキサーで撹拌したものでもよい。メーカーによっても味が違うので好みのものを。

紅茶　濃厚なミルクティ味のババロアです。

材料（130mlのプリン型3個）Total 350ml
カスタードソース……230ml　　紅茶（茶葉・アッサムなど）……10g
牛乳……200ml　　　　　　　　粉ゼラチン……5g
グラニュー糖……小さじ2　　　水……大さじ2

[下準備]
・粉ゼラチンは分量の水に
　ふり入れ、ふやかしておく。

作り方　小鍋に牛乳、グラニュー糖を入れて中火にかけ、沸騰したら弱火にし、紅茶の茶葉を入れて1分ほど煮出す。こし器でこし、カスタードソースを加えて混ぜる。ふやかしておいたゼラチンを電子レンジ600Wで10秒ほど加熱して溶かし、加えて手早く混ぜる。器に流し入れ、冷蔵庫で2～3時間冷やし固める。

バニラシャーベット

カスタードソースを凍らせるだけ。しゃりしゃりしたシャーベットになります。

材料（作りやすい分量）
カスタードソース……460ml

作り方
1. カスタードソースを保存袋に入れ、冷凍庫で冷やし固める。
2. 1時間ごとに袋の上から手でもみほぐし、完全に固まるまで3時間ほど冷やし固め、器に盛る。

※1でそのまま冷やし固め、食べるときにフードプロセッサーなどでほぐしてもよい。

チーズケーキ

ベイクドチーズケーキとレアチーズケーキ。
薄力粉を加えてオーブンで焼くか、ゼラチンを入れて冷やし固めるか。
お好みの味をどうぞ。

ベイクドカスタードチーズケーキ

卵や生クリームの代わりにカスタードソースを加えて仕上げました。

材料（直径8cmのココット3個）Total 450ml
- カスタードソース……230ml
- クリームチーズ……200g
- グラニュー糖……30g
- レモンの絞り汁……大さじ1
- 薄力粉……大さじ2

［下準備］
- クリームチーズは室温に戻しておく。
- オーブンは160℃に予熱しておく。

ひと晩おくとさらにおいしい！

作り方

1 ボウルにクリームチーズを入れて、ゴムベラでやわらかくなるまで練る。グラニュー糖を加えて混ぜる。

2 カスタードソースを少しずつ加え、泡立て器で混ぜる。

3 レモンの絞り汁を加え、薄力粉をふるい入れて都度混ぜる。

4 こし器でこし、型に流し入れる。オーブンで30〜40分ほど焼く。粗熱がとれたら冷蔵庫で冷やす。

アレンジレシピ

レアカスタードチーズケーキ

コアントローが入った、さっぱりとしたケーキです。

材料（130mlのプリン型4個）Total 510ml
- カスタードソース……230ml
- クリームチーズ……200g
- グラニュー糖……30g
- レモンの絞り汁……大さじ1
- コアントロー……好みで小さじ1
- 粉ゼラチン……5g
- 水……大さじ2
- ラズベリー……あれば適量

［下準備］
- クリームチーズは室温に戻しておく。
- 粉ゼラチンは分量の水にふり入れ、ふやかしておく。

作り方 「ベイクドカスタードチーズケーキ」と同様の手順で1〜2まで作る。レモンの絞り汁、コアントローを加え都度混ぜる。ゼラチンを電子レンジ600Wで10秒ほど加熱して溶かて加え、手早く混ぜる。こし器でこし、器に流し入れる。冷蔵庫で2〜3時間冷やし固める。あればラズベリーを飾る。

ティラミス

マスカルポーネチーズとカスタードクリームを混ぜ合わせ、白ワインを加えたちょっと大人な味です。

材料（130mlのグラス2個）
カスタードクリーム……140g
マスカルポーネチーズ……100g
白ワイン……大さじ1
フィンガービスケット……10本
インスタントコーヒー……大さじ1
熱湯……大さじ3
コーヒーリキュール……好みで大さじ1
ココアパウダー……適量

作り方

1 インスタントコーヒーを熱湯で溶かし、冷めたら好みでコーヒーリキュールを加えて混ぜる。

2 フィンガービスケットをグラスに合わせて適当に切り、1のコーヒー液に浸す。

3 ボウルにカスタードクリームを入れてやわらかくほぐし、マスカルポーネチーズ、白ワインを加えてゴムベラでなめらかに混ぜる。

4 グラスに2を入れ、3を入れて平らにする。さらに2、3と重ね、パレットナイフなどで表面を平らにし、冷蔵庫で冷やし固める。食べる直前に茶漉しでココアパウダーをふる。

ラズベリーのフルーツグラタン

カスタードソースがあれば驚くほど簡単！
ラズベリーの代わりに、チェリー、アプリコット、いちごなど
季節のフルーツを加えても。

材料（直径20cmのグラタン皿1個）

カスタードソース……230ml
白ワイン……大さじ2
ラズベリー……15〜20個
きび砂糖……大さじ1
粉砂糖……適量

[下準備]
・オーブンは200℃に予熱しておく。

作り方

1. ボウルにカスタードソースと白ワインを入れて混ぜ、グラタン皿に注ぎ入れる。
2. ペーパーでしっかり水気をふきとったラズベリーをちらす。
3. 茶漉しできび砂糖をふり、オーブンで20分ほど焼く。こんがりしたら取り出し、茶漉しで粉砂糖をふる。

森崎 繭香

フードコーディネーター、お菓子・料理研究家。料理教室講師、パティシエを経て、フレンチ、イタリアンの厨房で経験を積み、独立。レシピ本の出版を中心に、雑誌やWEBへのレシピ提供、テレビ・ラジオへの出演など幅広く活躍中。カフェやレストランでの経験を軸に、身近な材料を使った家庭でも作りやすいレシピに定評がある。
http://mayucafe.com/

『あんこのおやつ』(小社刊)、『セイボリータルト』『いつものスープでアレンジレシピ60』『ひっくり返すだけ！アップサイドダウンケーキ』『焼かないケーキ』(日東書院本社)、『野菜たっぷりマリネ、ピクルス、ナムル』(河出書房新社)、『おかず蒸しパンと蒸しケーキのおやつ』(辰巳出版)、『野菜ペーストで簡単おかず』『豆腐クリームの絶品レシピ』『カップスタイルで簡単！スープの本』(枻出版社)など著書多数。

調理アシスタント：福田みなみ／宮川久美子／国本数雅子／
たのうえあおい／中村吏恵
アートディレクション・デザイン：久能真理
デザイン：浅井祐香
スタイリング：つがねゆきこ
撮影：鈴木信吾
編集・進行：古池日香留
モデル協力：前原葵／渡邉羽菜

［協力］
○ 材料
・TOMIZ（富澤商店）https://www.tomiz.com
　Tel：042-776-6488（問い合わせ窓口）
・森永乳業株式会社 https://www.morinagamilk.co.jp
　Tel：0120-369-744（お客さま相談室）

○ 撮影
・UTUWA
　Tel：03-6447-0070

クリームの作り方と洋・生・焼き菓子のとろけるバリエーション
カスタードのおやつ
NDC596

2016年11月19日　発行

著　者　　森崎繭香（もりさき まゆか）
発行者　　小川雄一
発行所　　株式会社 誠文堂新光社
　　　　　〒113-0033　東京都文京区本郷 3-3-11
　　　　　［編集］Tel：03-5805-7285
　　　　　［販売］Tel：03-5800-5780
　　　　　http://www.seibundo-shinkosha.net/
印刷・製本　大日本印刷 株式会社

©2016,Mayuka Morisaki.
Printed in Japan
検印省略　禁・無断転載

落丁・乱丁本はお取り替え致します。
本書に掲載された記事の著作権は著者に帰属します。
これらを無断で使用し、展示・販売・ワークショップ、および商品化を行うことを禁じます。

本書のコピー、スキャン、デジタル化等の無断複製は、著作権法上での例外を除き、禁じられています。
本書を代行業者等の第三者に依頼してスキャンやデジタル化することは、
たとえ個人や家庭内での利用であっても著作権法上認められません。

R〈日本複製権センター委託出版物〉
本書を無断で複写複製（コピー）することは、著作権法上の例外を除き、禁じられています。
本書をコピーされる場合は、日本複製権センター（JRRC）の許諾を受けてください。
JRRC［http://www.jrrc.or.jp/　E-mail：jrrc_info@jrrc.or.jp　Tel：03-3401-2382］

ISBN978-4-416-71612-0